AF257449

SOUVENIR

DE

LOUISE-MARIE C.

ÉLÈVE

DES RELIGIEUSES DE L'ADORATION PERPÉTUELLE

DU SACRÉ-CŒUR DES CHARTREUX

DE LYON.

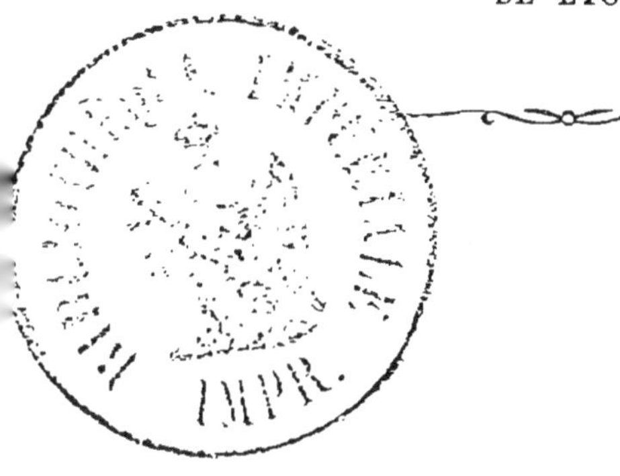

Cecidit flos. Js. 40. 7.

Une fleur est tombée.

LYON

IMPRIMERIE D'AIMÉ VINGTRINIER

rue de la Belle-Cordière, 14

—

1869

LOUISE-MARIE

Nous avons vu et approuvé la notice :

BEAUJOLIN. *vic.-gén.*

AVANT-PROPOS

Dieu donne de temps en temps aux siens de salutaires enseignements. Le Saint-Esprit a ses heures ; il souffle où il veut, et il visite souvent à l'improviste. Heureuse l'âme qu'il trouve attentive et bien disposée à le recevoir !

La jeunesse a plus besoin encore d'avertissements, et Dieu les lui présente quelquefois sous les formes les plus saisissantes. Elle est au début de la vie ; à peine en a-t-elle effeuillé quelques roses ! Que d'années encore entrevues par elle, et toutes colorées des rêves de la plus riche imagination ! Souvent un avenir chimérique lui fait négliger le présent, et cependant il peut être bien court ! C'est pour cela, encore une fois, que Dieu avertit. Il passe dans son parterre et y cueille une fleur ; puisse-t-elle être dans toute sa beauté au moment où le doigt divin la détache !

Le parterre du Sacré-Cœur a été visité par le céleste Jardinier pendant le mois de juin 1869. Le jour même de la grande fête du Sacré-Cœur, une jeune fille ne pouvait être comme toutes ses compagnes parée de sa robe blanche ; elle devait, hélas ! huit jours après, revêtir sa dépouille mortelle.

L'émotion a été d'autant plus profonde, que le Sacré-Cœur des Chartreux n'avait encore vu mourir aucune des élèves qui lui sont confiées. Mais en scrutant les desseins d'amour du Cœur de Jésus, il semble avoir voulu par cet événement faire une grâce de choix à une de ses enfants privilégiées et donner au pensionnat une protectrice spéciale. Si le jugement des enfants est celui de Dieu, toutes mettent au Ciel leur jeune compagne.

Pour que cette grave leçon porte ses fruits, et pour recueillir le parfum d'un religieux souvenir, nous allons retracer ici quelques traits de la vie de cette chère élève si digne de regrets. Ces pages seront pour ses maîtresses un encouragement dans leur tâche de dévouement ; pour ses compagnes, une édification ; et pour sa famille qui la verra revivre dans ces lignes, une consolation suprême.

SOUVENIR

DE

LOUISE-MARIE C.

Louise-Marie C., née le 6 octobre 1854, appartenait à une famille éminemment chrétienne ; une éducation pieufe et forte l'avait préparée aux grâces qui l'attendaient au penfionnat. Elle entra au Sacré-Cœur de l'Adoration perpétuelle le 8 octobre 1868, à l'âge de 14 ans ; elle ne le connut que pour l'affectionner et en goûter l'efprit. Dès son arrivée, elle fut heureufe et difait : *Ici on se sent aimé !* Auffi éprouva-t-elle conftamment pour ses maîtreffes comme pour ses compagnes une douce sympathie. Tout lui plaifait dans la maifon. *Ne vous plaignez pas de ce que le temps vous paraît long au Sacré-Cœur,* difait-elle, *parce que pour moi qui suis nouvelle, cela me semble impoffible.* Elle exprimait les mêmes sentiments dans toutes ses lettres à sa famille.

On voyait en ses actes comme en ses paroles la généreufe spontanéité de son cœur. Rien de calculé et d'apprêté dans sa perfonne ; si elle obligeait, c'était pour faire plaifir ; si elle défirait une récompenfe, c'était pour en offrir les prémices à des parents chéris. Elle éprouvait une vive peine à la penfée d'avoir pu contrifter quelqu'un, et elle mettait son bonheur dans celui qu'elle procurait aux autres.

On aime à redire les traits de touchante charité rappelés par ses compagnes ; il n'en est pas une seule qui n'ait été l'objet de ses délicates attentions : Au dortoir, elle aimait à habiller les plus jeunes et leur rendait de petits services. Si l'une d'elles éprouvait quelque souffrance, elle était sûre de trouver en Louise-

Marie une amie compatissante. *Vous souffrez des dents,* difait-elle à une élève de sa claffe, *repofez un peu votre tête sur mon épaule, cela vous soulagera.*

En récréation fallait-il céder une place, elle était toujours prête à faire cette abnégation, disant avec modestie : *Tout eft bon pour moi, je suis bien partout.* On paraiffait l'obliger en lui donnant l'occasion de se rendre utile et elle était ingénieufe à en trouver les moyens. Ainfi, pour encourager les efforts de ses petites compagnes, elle faifait leurs raccommodages et les amufait en confectionnant les robes de leurs poupées.

Son âme avait toujours goûté les attraits de la piété. Dès son enfance, difait son excellente mère, Louise-Marie paffait avec moi plufieurs heures à l'église sans qu'elles lui paruffent longues. Elle priait avec ferveur, articulant chaque mot, et son air pénétré et recueilli était l'expreffion de sa foi. Elle ne pouvait comprendre qu'on trouvât difficile de s'entretenir avec Dieu, et elle envoyait à son *bon Jésus* de fréquentes aspirations.

Combien son cœur soupirait après la sainte Eucharistie. Que lui semblaient longs les jours qui s'écoulaient entre chacune de ses communions ! Lorsqu'on lui faifait remarquer qu'il fallait être encore plus irréprochable pour mériter auffi souvent une pareille faveur : *Je le sais bien*, répondait-elle, *mais j'en ai tant envie !* Dans ses lettres, elle faifait connaître comme un grand événement son bonheur de s'être affise à la table sainte : *Aujourd'hui*, écrivait-elle, *j'ai été bien heureufe, ce matin j'ai reçu le doux Jéfus !*

C'était avec la même ardeur qu'elle s'approchait du tribunal de la pénitence ; elle s'y difposait par le recueillement et la prière. Cependant, si quelque raifon imprévue ajournait sa confeffion, elle se soumettait avec simplicité, affurée que l'acceptation de la volonté de Dieu eft un sacrifice qui lui eft très-agréable.

Sa piété naïve trouvait dans les plus petites

pratiques une jouiſſance toujours nouvelle. Si l'on parlait du bon Dieu, son attention était excitée : *Encore, encore, Madame,* diſait-elle, et l'on était sûr de ne jamais laſſer sa ferveur.

Attentive aux moindres avis, elle les reproduiſait avec une scrupuleuſe fidélité, et, dans sa conduite, on pouvait suivre les progrès de la grâce.

Elle déſirait et demandait qu'on lui indiquât tous ses défauts. A la retraite annuelle, après l'explication d'un examen de conſcience, elle remercia affectueusement et dit : *Je vois maintenant si clair dans mon âme qu'il va m'être bien facile de me corriger.*

Un jour, après un entretien sur la vanité qui l'avait vivement frappée, Louise-Marie s'écria : *Pour cette fois, j'espère que nous en sommes à jamais guéries.* Cette chère enfant le prouva en effet aux vacances de Pâques ; elle ne témoigna aucun déſir de quitter la robe noire d'uniforme, tandis qu'autrefois elle n'était pas inſenſible au plaifir d'avoir une nouvelle toilette et à celui d'entendre louer sa belle chevelure.

Faut-il encore parler de son efprit de foi ? Il lui faifait comprendre tout le prix des objets de piété ; ainfi elle avait souvent son chapelet à la main, le récitait dans les intervalles des changements d'exercice, et le gardait durant son sommeil. Ce même efprit de foi lui montrait Dieu dans le prochain. Elle dit un jour à l'élève choifie comme infirmière : *Que vous êtes heureufe ! c'est une charge que j'envie, car en soignant mes compagnes, il me semblerait que je rends service à l'enfant Jéfus.*

S'occuper des pauvres était sa plus douce satisfaction ; voyant Jéfus souffrant en leur perfonne, elle accueillait avec bonheur toutes les occafions de faire pour eux quelques ouvrages, et encore, dans cette tâche de charité, elle prenait la part la moins agréable.

Défignée pour porter quelques soulagements à une femme indigente, on la vit tout émue de sa misère, et ne pouvait assez dire l'impreſſion vive qu'elle en avait éprouvé.

Si Louiſe-Marie était avantageuſement douée pour le cœur, sa nature franche et expanſive lui occaſionnait encore de petites saillies difficiles à réprimer. Suivons-la dans cette lutte généreuſe avec elle-même.

Cette chère enfant comprit très-bien la néceſſité d'adoucir son caractère ; son bon ange pourrait seul nous révéler les victoires et les combats intérieurs qu'elle eut à soutenir. Recevait-elle une obſervation, la journée ne s'écoulait pas sans qu'elle vînt reconnaître ses torts. Un jour, cependant, cet acte parut lui coûter et elle le fit les yeux remplis de larmes : « Louise-Marie, lui dit sa maîtresse, je crois que vous remerciez avec peine. — *Non, Madame*, reprit-elle avec énergie, *c'est de tout mon cœur, mais je pleure, parce que malgré ma bonne volonté, je m'oublie encore bien souvent.* »

Lui arrivait-il d'avoir un mouvement brusque, de dire une parole un peu vive à ses compagnes, auſſitôt elle venait les embraſſer : *Vous me pardonnerez, n'eſt-ce pas*, diſait-elle un soir à l'une d'elles, *sans cela je ne pourrais m'endormir.*

Depuis sa rentrée de Pâques, cette âme prédeſtinée avait acquis plus d'empire sur elle-même. Habituée à se rendre un compte exact de sa conſcience, aucun oubli ne paſſait inaperçu. Chaque samedi du mois de mai, elle a pu se rendre ce témoignage d'avoir paſſé la semaine sans se *fâcher*, selon son expreſſion ordinaire.

Elle ajoutait : *La bonne Mère sera contente ; mais avec elle tout est facile.*

C'est une pratique très-chère au penſionnat que, chaque soir de mai, toute élève irréprochable soit admiſe à l'honneur d'offrir à la très-sainte Vierge une fleur, gage de ses pieux efforts. Louiſe-Marie était très-empreſſée de préſenter à sa Mère du Ciel ce tribut de filial amour.

Un léger manquement devait lui ravir la

fleur si ambitionnée, privation d'autant plus senfible qu'elle compromettait la gracieuse récompenfe qu'elle efpérait à la clôture du mois béni. Louife-Marie ne chercha point à s'excufer, et un humble sourire exprima sa soumiffion résignée. Le soir même, la très-sainte Vierge permit que la fleur fût rendue à sa chère enfant, et le dernier jour de mai, devant l'autel de Marie, on lui décernait la branche de rofes, modefte trophée devenu en ses mains mourantes une palme d'immortelle victoire !

Louife-Marie se fit toujours remarquer par son bon efprit, et ce témoignage est unanime.

Se rangeant toujours du côté de l'autorité, elle exerçait auprès de ses compagnes un apoftolat caché mais fructueux.

Une jeune élève ne paraiffait pas se préparer affez sérieusement à sa première communion; par des confeils proportionnés à son âge, Louife-Marie excita sa bonne volonté et lui fit apprécier toute l'importance de cette action.

Elle s'aperçut qu'une autre de ses compagnes n'avait pas bien entendu sa meſſe le dimanche, elle en fut peinée, lui fit comprendre sa faute avec une tendre charité et lui promit de prier pour elle.

Dans le délire de sa dernière maladie, elle rappelait la triſteſſe qu'elle avait éprouvée de voir une petite fille paſſer devant le Saint-Sacrement sans saluer.

Au milieu même des récréations, elle savait jeter à propos quelque parole pieuſe : « Vous portez votre capeline par une chaleur si accablante, lui diſait-on, un jour où elle souffrait des douleurs d'oreille ! — *Ah !* répliqua-t-elle, *j'aurai bien plus chaud dans le purgatoire.* » Cette même penſée de foi se retrouve dans pluſieurs petits faits qu'il serait trop long de rapporter.

Louiſe-Marie était oublieuſe d'elle-même. Quand elle s'apercevait qu'une choſe pouvait gêner ou contrarier ses compagnes, auſſitôt elle cherchait à leur en éviter la peine. Quelques-unes ont raconté avec émotion le trait suivant :

Le jour du Sacré-Cœur, on l'avait priée d'aller chercher une de ces demoiselles; la pauvre enfant reſſentant déjà les premières atteintes de sa dernière maladie, demanda qu'on voulût bien le faire à sa place; mais de peur de déranger une de ses compagnes, elle préféra faire elle-même le trajet pour avertir l'élève attendue.

Au réfectoire, une portion était-elle refusée, auſſitôt l'admirable enfant s'ingéniait pour qu'elle lui fût réfervée, *parce que,* difait-elle, *j'aime tout, excepté le miel.* Sa maîtreſſe lui répondit : Ne savez-vous pas, Louiſe-Marie, que le miel est le symbole de la douceur; acceptez-en, et offrez cette mortification au bon Dieu pour l'obtenir. — *Oh ! si je l'acquérais par ce moyen, je me déciderais à en manger,* et depuis ce jour elle fut fidèle à sa réfolution.

Elle devait à sa première éducation une énergie très-rare aujourd'hui chez les jeunes personnes; cette qualité lui aidait à supporter bien des petites souffrances, sans les faire apercevoir.

1...

Il manquerait une fleur à la couronne de ces doux souvenirs, si on ne mentionnait encore sa perſévérance dans le travail. Quand l'étude lui offrait quelques difficultés, elle les surmontait par son application et par le déſir de contenter sa bonne ſamille. Elle aimait de préférence les études religieuſes ; c'était un aliment pour sa piété. Elle attachait une grande importance à la récitation de l'Evangile qui a lieu chaque dimanche au catéchiſme, et pour la faciliter à ses jeunes compagnes, elle leur diſait souvent : *Etudiez vite votre Evangile, je rangerai vos affaires.*

Louiſe-Marie comprenait dans toute sa délicateſſe le devoir de la reconnaiſſance. Saluer ses maîtreſſes d'un air reſpectueux, les prévenir en toute rencontre, les remercier avec effusion, était un beſoin pour son cœur.

Ce sentiment de gratitude s'étendait à tous ceux qui lui portaient de l'intérêt. Un docteur, qui lui avait donné des soins, était dangereuſement malade ; Louiſe-Marie demandait de ses nouvelles, s'inquiétait de son état et priait beaucoup pour lui. *Il est si bon,* disait-elle, *et je suis si heureuse qu'il m'ait fait connaître le Sacré-Cœur !* Après la mort du docteur, elle conserva une vive affection pour cette famille et surtout pour les deux jeunes filles qui avaient été ses compagnes et l'avaient initiée aux usages de la maison.

Mais le temps approchait où Dieu allait en quelques jours couronner en cette chère âme son œuvre de sanctification.

Louise-Marie avait parfois des pressentiments intimes : *Que je voudrais donc mourir au Sacré-Cœur !* a-t-elle répété souvent aux élèves de sa classe. Parlait-on des terreurs de la mort : *Oh ! je ne la crains pas, et je ne puis comprendre ce qu'elle a de si effrayant !* Après avoir entendu un sermon sur la mort, à la retraite de la première communion, cette chère enfant s'exprimait ainsi : *Je voudrais bien mourir jeune, car on n'a pas tant offensé le bon Dieu, et l'on va plus tôt au Ciel !*

C'est le 4 juin, fête du Sacré-Cœur, qu'elle commençait à subir l'influence de cette maladie qui devait l'enlever à nos affections.

Le matin, les élèves étaient réunies pour recevoir de petites pratiques en l'honneur du Cœur de Jésus. Voici celle qui lui échut : *Courage, mon enfant, voyez le grand but proposé à vos efforts ; vous serez pendant ce mois l'enfant perfectionnée du Sacré-Cœur.* Oui, le grand but a été atteint, et avant que sonnât la dernière heure de l'Octave de cette fête solennelle, l'heureuse enfant connaissait le Ciel !

Recueillons maintenant avec un religieux respect les souvenirs de cette triste et suprême semaine.

Que de grâces ineffables ! que de consolations et de douleurs à la fois ! que d'impressions ineffaçables pour tous !

Le jour de la fête du Sacré-Cœur, Louise-Marie éprouva un malaise qui la priva du bonheur de recevoir son *doux Jésus ;* ce sacrifice coûta beaucoup à sa tendre piété. Mais ne pouvant prendre une part active aux cérémonies de ce grand jour, elle fut heureuse cependant d'en être témoin d'une tribune. Le samedi elle entra à l'infirmerie, et dit, comme par une secrète inspiration : *Je veux être bien patiente, parce que si le bon Dieu me prenait, j'aurais fait une partie de mon purgatoire.* La maladie étant déclarée, on prévint sa bonne mère ; une fièvre violente vint compliquer l'éruption de la rougeole. Dans l'après-midi du dimanche, Mme C. arrivait, et sa préfence parut améliorer un instant l'état de sa chère enfant. Le soir, la proceffion de la paroiffe devait s'arrêter à un repofoir difposé au bas du clos ; au moment où le penfionnat s'y rendait pour recevoir la bénédiction du Très-Saint-Sacrement, Louife-Marie exprima son regret de n'y point affifter, et dit : *J'offre ce sacrifice pour l'amour du bon Dieu et la converfion des méchants.*

Les jours suivants se paffèrent dans des alternatives de tranquillité et d'agitation. Mme C. ne quittait pas sa fille bien-aimée et lui prodiguait ses soins maternels ; cependant l'état de la malade ne faifait pas preffentir une fin auffi prompte.

Dans la nuit du mercredi au jeudi, le délire commença et devint continu. Dans les moments de calme, elle demandait inftamment le ruban vert de la Congrégation des Aspirantes, et s'inquiétait des moyens à prendre pour l'obtenir ; c'était sa préoccupation dominante, et elle cherchait à se rappeler la formule de confécration : *Je ne pourrai pas la prononcer,* dit-elle, *mais notre Père Aumônier la dira pour moi.* Un peu plus tard elle en fit une bien longue et bien touchante qui partit de son cœur. Cette même nuit elle eut quelques inftants de religieufes terreurs, mais elle reprit bientôt confiance en répétant avec une foi vive et à mains jointes des actes de contrition et d'amour.

Dans un moment de pleine connaiffance, elle dit à une religieufe qui se trouvait près d'elle : *J'ai fait hier une demande à la très-sainte*

Vierge : Ma bonne Mère, lui ai-je dit, vous qui connaiſſez les douleurs des mères, vous qui avez vu tant souffrir votre fils Jéſus, n'affligez pas ma mère dans son enfant ; elle m'exaucera, n'eſt-ce pas ? Certainement, lui répondit-on. *Eh! bien, merci,* et sa tête se pencha de l'autre côté.

Un inſtant après, Louiſe-Marie remercia la même religieuſe de quelques lignes qu'elle lui avait écrites durant les vacances de Pâques ; cette chère enfant les répéta mot à mot en y ajoutant : *Je ne les ai pas oubliées parce que je les ai miſes au fond de mon cœur.*

Elle avait prié l'infirmière de la soutenir dans un moment de criſe, mais elle reprit aussitôt : *Non, non, je vous fatiguerais.* Ses sentiments se trahiſſaient par de touchants témoignages surtout pour sa bonne mère dont le nom était sans ceſſe sur ses lèvres. Lorſqu'on cherchait à adoucir ses souffrances, elle diſait aux infirmières : *Vous êtes trop, trop, trop bonnes,* et sa mère lui demandant : « Aimes-tu la religieuſe qui te soigne ? » Elle répondait : *Oh !*

oui, on choisit toujours celle que je préfère, et comme un certain nombre se succédaient auprès de son lit de douleur, on voyait que toutes étaient également chères à son cœur.

Elle avait recours à de ferventes oraisons jaculatoires et invoquait souvent Jésus, Marie, Joseph. *Mon petit Jésus, s'écriait-elle, vous me faites bien souffrir, mais je vous l'offre. Ah ! que je souffre ! Je suis dans du feu, mais il faut bien faire pénitence pour racheter ses péchés.*

Sa bonne mère lui ayant promis de l'emmener le lundi suivant, elle sourit à ce projet et dit dans une naïve prière : *Mon bon petit Jésus, exaucez-moi, que je sois guérie lundi ; vous m'en avez fait une, le jour de la fête de votre Cœur, vous pouvez bien me donner maintenant la consolation que je vous demande.* Ayant pris sa statuette de la très-sainte-Vierge, et l'ayant portée à ses lèvres, elle lui dit à mi-voix : *Ma bonne Mère, écoutez mon secret : faites que quand je serai dans ma famille j'aie un bon caractère, que j'édifie tous ceux qui me verront et que je fasse plaisir à tout le monde.*

Nous voici au jeudi ; avec quelle profusion vont être épanchés en ce jour sur notre chère malade les trésors du divin Cœur !

Après une nuit des plus agitées, elle dit : *Je veux voir notre Père Aumônier,* et cette chère enfant ne se calma qu'en entendant cette voix qui parlait si bien à son cœur. Elle profita de cet instant pour achever de purifier son âme. Dès lors, Jésus se plut à embellir sa bien-aimée de toutes ses grâces. Elle fut d'abord revêtue du scapulaire de l'Immaculée-Conception, et, en un même jour, quatre sacrements lui furent conférés. Elle reçut l'Extrême-Onction, répondit avec fermeté aux questions qui précèdent le Viatique, et Jésus, *ce doux Jésus* qu'elle avait tant aimé dans la sainte Eucharistie, prit possession de son cœur. Elle semblait n'attendre que ce cher trésor pour s'envoler au Ciel, car elle avait dit : *Lorsque je possèderai mon bon Jésus, je partirai, n'est-ce pas ?*

Une consultation de trois docteurs-médecins vint constater les progrès de la maladie ; Louise-

Marie était très-abſorbée ; mais à trois heures elle reprit toute sa connaiſſance et dit en apercevant un crucifix que le prêtre lui préſentait : *Oh ! lorſque je vois le crucifix, il me semble que je vois le Ciel !* Quelques inſtants après, son père arrivait et reçut de sa chère enfant les témoignages de la plus filiale tendreſſe. Il était sous une impreſſion de douleur difficile à décrire, et cependant sa résignation était à la hauteur de son sacrifice, car il diſait : « Dieu est le maître ! »

Pluſieurs fois au milieu des paroles incohérentes de la malade, on avait saiſi le mot de Confirmation. Toujours attentif à ses moindres déſirs, M. l'Aumônier fit appel à Monseigneur de Charbonnel. Cet infatigable prélat, à peine revenu d'une laborieuſe tournée, accourut pour imprimer sur ce jeune front le caractère du parfait chrétien : « Il semble, dit-il, que je suis arrivé exprès hier au soir, pour qu'elle ait au Ciel une auréole de plus ! » Ce fut une scène touchante de voir avec quel intérêt ce vénéré pontife cherchait à s'affurer si notre chère enfant avait bien sa connaiffance. Dieu, jusqu'alors si libéral, pouvait-il lui refufer cette faveur ? « Qu'eft-ce que la Confirmation ? » lui demanda le prélat, et auffitôt Louife-Marie répondit d'une voix forte la définition même du catéchisme. « Défirez-vous la recevoir ? » — *Oh ! oui,* répondit-elle avec un accent ému, et le sacrement de force fut donné à notre chère malade en préfence de sa famille. C'eft ainfi que le Saint-Efprit se repofant sur cette jeune vierge, la perfectionnait pour le grand jour qui approchait.

Mais comment dans ce tableau touchant séparer Louife-Marie de son incomparable mère ! Comment peindre cette douleur et cette réfignation ! Chaque appel de son enfant était un glaive pour son âme. Oh ! que de prières ferventes & de sublimes holocauftes a dû recueillir l'ange des saintes larmes au cœur de cette mère !

Là auffi était une aïeule vénérée dont l'angoiſſe était d'autant plus profonde, qu'elle auſſi avait soigné Louiſe-Marie dans sa première enfance.

Une autre perſonne de la famille s'était jointe aux deux mères; la jeune enfant l'aimait, & lorſqu'elle la voyait agenouillée près de son lit, elle lui murmurait avec tendresse : *Ma tante, ma petite tante Antonia.*

La préſence de son confeſſeur était viſiblement sa grande consolation ; elle ne lui fit pas défaut pendant ces derniers jours. La malade n'entendait plus aucune autre voix qu'elle répondait encore à celle du prêtre : Aimez-vous le bon Dieu ? — *Oui, mon Père, bénissez-moi !* — Voilà le crucifix, embrassez-le, pauvre enfant, & ses lèvres le pressaient avec amour.

Une neuvaine avait été commencée dès le jeudi par le penſionnat, en l'honneur de sainte Germaine de Pibrac, dont la fête devait tomber le mardi suivant. La nouvelle du danger où était Louiſe-Marie avait alarmé ses compagnes; et dans leur affection elles voulaient faire violence au Ciel : « Nous allons tant prier, difaient-elles, que le bon Dieu sera obligé de nous exaucer. »

La nuit du jeudi au vendredi ne fut pas meilleure que les précédentes. Le matin, la pauvre enfant appelait tous ceux qu'elle aimait, et, avec un accent aussi ému que déchirant, elle répétait ces mots : *Adieu, petite mère, courage !.. adieu, ma petite tante... adieu, mon père !* et à une religieufe qui se trouvait près d'elle : *Madame, je vais vers le bon Dieu.... voulez-vous venir avec moi ?* A une autre : *Je vais au ciel, priez pour moi !*

Quelques inftants après, M. l'Aumônier lui proposa de la recevoir dans la congrégation des enfants de Marie ; sa modestie s'en étonna : *Mon père, je ne l'ai pas mérité,* répondit-elle deux fois, *je n'oferais ; cependant puifque vous me l'offrez cela me ferait bien plaifir.* Ce fut alors qu'eut lieu la réception : Marie récompenfait ainfi sa dévotion filiale. On eut de la peine à soulever sa tête souffrante pour lui paffer le ruban bleu ;

son regard mourant ne pouvait contempler sa chère médaille, mais elle protégea son agonie; pendant bien des heures, elle la garda dans ses mains défaillantes, et après sa mort, elle devint le plus bel ornement de sa virginale parure.

Tout espoir était perdu. A ces paroles entrecoupées : *Je veux m'en aller... adieu !... adieu !* avait succédé une prostration complète. Immobile sur sa couche, les yeux fermés, la respiration oppressée, Louise-Marie ne semblait plus attendre que le signal du départ.

A une heure et demie, la communauté entière l'entourait pour recommander à Dieu cette âme qui prenait déjà le chemin de la patrie. Ce suprême devoir accompli, l'infirmerie fut comme transformée en un sanctuaire. Agenouillée près de son lit, sa tendre et héroïque mère comptait les minutes d'une vie qui faisait partie de la sienne, et toujours sa foi invincible excitait à recourir au Ciel. « Prions encore, disait-elle à M. l'Aumônier, répétons les litanies de saint Joseph, prions jusqu'à la fin, hélas !

ce ne sera pas long ! » — « Ah ! lui diſait auſſi sa grand'mère, vous avez fait un ange de notre enfant, merci, et ce sera votre œuvre ! »

Durant l'après-midi, les noms de Jésus, de Marie et de Joſeph semblaient seuls la rappeler à elle-même. A sept heures, comme si elle eût voulu rendre un dernier hommage à la très-sainte Vierge, elle parut balbutier les paroles de l'*Angelus*. On continuait de prier. Qu'ils furent pathétiques les accents du *Stabat* récité auprès de la jeune mourante, et en préſence de sa mère éplorée ! On dit encore les litanies de Notre-Dame de la Salette, et à cette invocation : « Vous dont le Fils rendait la vue aux aveugles, » Louiſe-Marie ouvrit les yeux, sembla s'unir à cette scène suprême et reçut une nouvelle abſolution. On commença le *Salve Regina*, et comme on terminait cette hymne de l'exil, Louiſe-Marie fit trois soupirs ; et l'on put croire alors que la Vierge clémente s'inclina vers cette âme pure pour la recevoir et la préſenter à son béni Jésus !

Il y eut un instant de profond silence : c'était le moment solennel où une âme paraiſſait devant son Dieu. Son admirable mère puiſa dans le ſacrifice comme une force nouvelle ; elle-même voulut la revêtir de sa dernière parure ; elle treſſa ses longs cheveux, lui mit une couronne de fleurs et dépoſa dans ses mains le crucifix de sa première communion.

Elle plaça sur son cœur la branche de roses du mois de mai, ainsi que sa chère ſtatue de la ſainte Vierge. Rien ne put l'éloigner de cette précieuſe dépouille, elle y paſſa toute la nuit. La mort avait laiſſé à cet ange terreſtre le rayonnement inexprimable d'un calme tout céleſte.

Auſſi, vers cette couche funèbre, la prière oſait prendre le ton de l'action de grâces; on rediſait tour à tour le *Magnificat, Laudate pueri Dominum, Quam dilecta tabernacula tua,* accents inſpirés qui expriment comme un soupçon des joies de l'éternel parvis.

Dès le samedi matin, le penſionnat avait connu la fatale nouvelle. Les regrets et les larmes furent la plus belle louange de Louiſe-Marie ; son nom était sur toutes les lèvres : « Elle avait un si excellent cœur ! Nous l'aimions tant ! Oh ! si nous pouvions la revoir ! »

Les religieuſes se succédaient sans interruption auprès de cette couche bénie. A huit heures du soir, la communauté et la bonne tante de Louiſe-Marie l'entouraient encore. M. l'Aumônier, agenouillé lui-même auprès de cette enfant, réſuma son modeſte éloge dans une parole qu'elle avait prononcée, et où reſpire son âme tout entière : *Je ne veux plus rien faire pour les créatures, car lorſque Dieu nous jugera, il ne récompensera que ce qui aura été fait pour lui.* Grande leçon, même pour les âmes parfaites !

Dimanche matin, jour des funérailles, le cortége de deuil se développait sur la grande terraſſe du penſionnat. Un lys virginal & deux couronnes blanches avaient été déposées sur le cercueil. Autour de cette sœur regrettée se groupèrent les enfants de Marie. Quatre d'entre elles soutenaient les glands d'un drap de moire blanche rehauffé des couleurs de la Vierge immaculée, dernier préfent de cette tante qui l'avait si tendrement aimée. Dans la chapelle, au milieu des larmes, fut célébré le saint sacrifice de la messe, et quelques heures après était rendu au pays natal tout ce qui restait ici-bas de cette enfant.

Efpoir unique d'une famille douloureufement éprouvée, Louife-Marie adoucira ses larmes par la préfence de ses restes précieux ! Mais le souvenir de son angélique vertu demeurera pour la faire toujours revivre au Sacré-Cœur !

DERNIER ADIEU A LOUISE-MARIE.

Mon luth va soupirer des accents de tristesse.
Jésus vient de ravir à ma vive tendresse
    Une amie, une sœur !
Louise était son nom ; heureuse, insouciante,
Elle aimait nos travaux, notre joie innocente,
    Nos rêves de bonheur.

Comme on voit une fleur, au lever de l'aurore,
Entr'ouvrir son calice au soleil qui la dore
    Et le soir se flétrir ;
Telle fut notre amie : un beau lys sans souillure,
Qui montrait au matin sa brillante parure,
    Mais c'était pour mourir !

Ah ! qu'elle semblait loin de cette heure suprême,
Quand ses quinze printemps, comme un beau diadème,
    Sur ses traits rayonnaient.
Ses parents nourrissaient de douces espérances :
Mais avant l'épi mûr, de cruelles souffrances
    A leurs cœurs l'enlevaient.

Un ange descendu de la céleste plage,
Lui dit dans son amour : Là-bas gronde l'orage,
    Avec moi viens aux cieux !
A l'ange elle sourit, se plaça sur ses ailes,
Et vola triomphante aux voûtes éternelles
    Parmi les bienheureux.

Quand la nuit sur la terre étend son triste voile,
Si j'aperçois alors une céleste étoile
    A l'éclat toujours pur,
Je crois voir un reflet des beautés de son âme
Et de son doux regard une immortelle flamme
    Briller au ciel d'azur.

Elle ne dira plus nos modestes cantiques,
Mais ses hymnes d'amour aux concerts angéliques
    S'uniront à jamais.
Elle va moduler les airs de la patrie,
De Jésus célébrer la tendresse infinie,
    La gloire et les bienfaits ?

Voyez-vous sur son front cette blanche couronne,
Ce n'est qu'à ses élus que le Seigneur la donne ;
    C'est le prix de la foi.
Elle aima la vertu dès l'âge le plus tendre,
Elle goûta Jésus et son cœur sut comprendre
    La douceur de sa loi.

Du ciel, ange chéri, contemplez votre père,
Son âme est dans le deuil et sa tristesse amère ;
    Consolez sa douleur !
De votre bonne mère, ah ! recueillez les larmes,
Et si du pur bonheur vous éprouvez les charmes,
    Versez-les sur son cœur !

Gardez-nous souvenir, chère et tendre compagne,
Inclinez-vous souvent sur la sainte montagne
    Qui vit vos derniers jours !
Intercédez Jésus pour vos sœurs en Marie ;
Moins heureuses que vous, elles ont de la vie
    A traverser le cours !